BEI GRIN MACHT SICH IHR WISSEN BEZAHLT

- Wir veröffentlichen Ihre Hausarbeit,
  Bachelor- und Masterarbeit

- Ihr eigenes eBook und Buch -
  weltweit in allen wichtigen Shops

- Verdienen Sie an jedem Verkauf

Jetzt bei www.GRIN.com hochladen und kostenlos publizieren

Bibliografische Information der Deutschen Nationalbibliothek:

Die Deutsche Bibliothek verzeichnet diese Publikation in der Deutschen National-
bibliografie; detaillierte bibliografische Daten sind im Internet über http://dnb.d-
nb.de/ abrufbar.

Impressum:

Copyright © 2016 GRIN Verlag, Open Publishing GmbH
Druck und Bindung: Books on Demand GmbH, Norderstedt Germany
ISBN: 9783668386143

Dieses Buch bei GRIN:

http://www.grin.com/de/e-book/352238/aufgaben-und-anforderungsprofil-eines-
projektleiters-entwicklung-einer

Simon Landmesser

Aus der Reihe: e-fellows.net stipendiaten-wissen

e-fellows.net (Hrsg.)

Band 2243

Aufgaben und Anforderungsprofil eines Projektleiters. Entwicklung einer Stellenbeschreibung und Stellenausschreibung

GRIN Verlag

GRIN - Your knowledge has value

Der GRIN Verlag publiziert seit 1998 wissenschaftliche Arbeiten von Studenten, Hochschullehrern und anderen Akademikern als eBook und gedrucktes Buch. Die Verlagswebsite www.grin.com ist die ideale Plattform zur Veröffentlichung von Hausarbeiten, Abschlussarbeiten, wissenschaftlichen Aufsätzen, Dissertationen und Fachbüchern.

Besuchen Sie uns im Internet:

http://www.grin.com/

http://www.facebook.com/grincom

http://www.twitter.com/grin_com

Hausarbeit an der Universität Kassel zum Thema

Aufgaben und Anforderungsprofil eines Projektleiters - Entwicklung einer Stellenbeschreibung und Stellenausschreibung

Verfasser: Simon Landmesser

Datum der Abgabe: 28.09.2016

GLIEDERUNG

Abbildungsverzeichnis

1 Einleitung

Bereits vor mehreren Jahren wurde prognostiziert, dass Projekte immer mehr an Bedeutung gewinnen werden (Pinto/Kharbanda 1995: 41). Heutzutage sind Projekte aus Unternehmen, Organisationen und Behörden kaum noch wegzudenken. „In einer internationalen Projektmanagement-Studie aus dem Jahr 2010 bezeichneten 92 Prozent der Befragten Projekte als wichtig oder sehr wichtig für ihr Unternehmen." (Hofmann 2014: 1). Dementsprechend ist auch die Zahl von Projekten in Unternehmen steigend (Di Vincenzo/Mazia 2012: 5). Auch im Bereich des Change Managements wird vielfach auf die Organisationsform des Projekts zurückgegriffen. Aufgrund der immer größeren Relevanz von Projekten in Behörden, Organisationen und Unternehmen stellt sich daher unweigerlich die Frage, wie Projekte erfolgreich durchgeführt werden können. Die Literatur dazu ist im wissenschaftlichen und insbesondere auch im nichtwissenschaftlichen Bereich zahlreich, die Handlungsempfehlungen sind entsprechend breit gefächert.

Worin sich die Literatur einig ist, ist der Stellenwert des Projektleiters[1] im Projekt. So ist unstrittig, dass der Projekterfolg in hohem Maße von der Qualifikation und Motivation des Projektleiters abhängt (so z.B. Viehring 2015: 7-11; Brown/Eisenhardt 1995: 369f.). Aus diesem Grund kommt der Auswahl dieser Person in der Anfangsphase eines Projekts eine elementare Rolle zu. Deshalb müssen sich Behörden, Organisationen und Unternehmen insbesondere mit der Frage beschäftigen, welchen Anforderungen ein Projektleiter gerecht werden muss.

Ziel dieser Arbeit ist es, auf wissenschaftlicher Grundlage ein Konzept für eine Stellenbeschreibung und eine Stellenausschreibung für Projektleiter zu entwickeln. Dazu werden einführend die Begriffe des Projektmanagements und des Projektleiters definiert. Anschließend werden die Aufgaben eines Projektleiters beschrieben und die sich daraus ergebenden Anforderungen an diesen herausgearbeitet. Als Ergebnis aus diesen Erkenntnissen sollen dann jeweils ein Konzept für eine Stellenbeschreibung und Stellenausschreibung für Projektleiter entwickelt werden. Die Arbeit schließt mit einem Fazit ab.

---

[1] Aus Gründen der besseren Lesbarkeit wird im weiteren Verlauf auf die Formulierung der weiblichen Form verzichtet, die Verwendung der männlichen Form soll als geschlechtsunabhängig gelten.

2 Begriffsbestimmung

Projektmanagement und Projektleitung sind zwei eng miteinander verknüpfte Begriffe und werden in der Literatur mit unterschiedlicher Intension verwendet. Beide Begriffe werden daher zunächst definiert.

2.1 Projektmanagement

Um den Begriff des Projektmanagements zu definieren, ist es sinnvoll, zunächst die beiden Wortbestandteile einzeln zu erläutern:

Ein Projekt ist nach der DIN 69901-5 definiert als ein „Vorhaben, das im Wesentlichen durch die Einmaligkeit aber auch Konstante der Bedingungen in ihrer Gesamtheit gekennzeichnet ist, wie z. B. Zielvorgabe, zeitliche, finanzielle, personelle und andere Begrenzungen; Abgrenzung gegenüber anderen Vorhaben; projektspezifische Organisation." (DIN 69901-5). Eine sehr vereinfachte englischsprachige Definition lautet: „A project is a temporary endeavor undertaken to create a unique product, service or result." (Project Management Institute 2013: 5). Es existiert noch eine große Vielzahl weiterer Begriffsbestimmungen, wobei sich die Autoren im Kern darin einig sind, dass es sich bei einem Projekt meist um eine einmalige und außergewöhnliche Aufgabe handelt, die zeitlich begrenzt ist (Hölzle 2009: 14). Problematisch an der Definition nach DIN-Norm ist vor allem die nicht abschließende Aufzählung. Die englischsprachige Definition trifft zwar den Kern von Projekten, sie ist jedoch zu allgemein gehalten, um ein Projekt von anderen organisatorischen Vorhaben eindeutig abgrenzen zu können. Hölzle hat eine sehr gelungene Projektdefinition erarbeitet, welche im Rahmen dieser Arbeit als Definition herangezogen wird: „Ein Projekt ist eine temporäre Organisation mit eigener Struktur, eigener Identität und eigenen Prozessen und verwirklicht unter Einbindung designierter materieller und immaterieller Ressourcen neuartige und risikobehaftete Vorhaben." (ebd.: 15)

Management ist ein vielverwendeter Begriff, der als Institution verstanden werden kann, als Zusammenfassung verschiedener Entscheidungsträger innerhalb einer Organisation (Dworatschek 2011: 8). In dieser Arbeit wird Management hingegen als Funktion verstanden. Danach wird Management verstanden als „die Gesamtheit jener problembezogeninformationsverarbeitenden Tätigkeiten, die der dispositiven Gestaltung menschlichen Handelns dienen." (Reiß 1987: 986)

Als Projektmanagement definiert die DIN 69901-5 treffend die „Gesamtheit von Führungsaufgaben, -organisation, -techniken und -mittel für die Abwicklung eines Projektes". (DIN 69901-5). Dabei wird in dieser Definition das funktionelle und institutionelle Management vermischt. Um eine klare Trennung zwischen dem Begriff des Projektleiters und des Projektmanagements zu gewährleisten, wird der Begriff Projektmanagement im weiteren Verlauf stets im funktionellen Sinn verwendet.

2.2 Projektleiter

Der Projektleiter, häufig auch als Projektmanager bezeichnet, steht im Mittelpunkt dieser Arbeit. Die Begrifflichkeit soll daher im Folgenden zunächst definiert werden und anschließend eine klare Abgrenzung zwischen Projektleiter und Projektmitarbeitern stattfinden.

2.2.1 Definition

Auch hier liefert die DIN 69901-5 eine kurze und prägnante Begriffsbestimmung. Demnach ist der Projektleiter die „für die Projektleitung verantwortliche Person. Anmerkung: Für Teilaufgaben können z.B. Fachprojektleiter eingesetzt werden." (ebd.). Fügt man dieser Definition, zusätzlich die Begriffsbestimmung der DIN 69901-5 für die Projektleitung hinzu, so entsteht daraus folgende umfassendere Beschreibung: Ein Projektleiter ist die für die Dauer eines Projekts geschaffene Organisationseinheit verantwortliche Person. Er ist verantwortlich für die Planung, Steuerung und Überwachung dieses Projekts.[2]

2.2.2 Abgrenzung zu Projektmitarbeitern

Zur weiteren Differenzierung muss die Rolle des Projektleiters von den Projektmitarbeitern abgegrenzt werden. Die Projektmitarbeiter können in ihrer Gesamtheit auch als Projektteam bezeichnet werden. Projektleiter und auch Projektmitarbeiter sind Projektbeteiligte. Sie unterscheiden sich durch die ihnen übertragenen Aufgaben. Während der Projektleiter insbesondere Führungsaufgaben wahrnimmt, sind die Projektmitarbeiter Teil der ausführenden Ebene (Chrobok 2011: 898).

---

[2] In enger Anlehnung an die Definition des Projektleiters und der Projektleitung gemäß DIN 69901-5.

3 Aufgaben und Anforderungsprofil eines Projektleiters

Um eine zutreffende Stellenbeschreibung und bestmöglich passende Stellenausschreibung verfassen zu können, ist es zunächst notwendig, sich damit auseinanderzusetzen, welche Aufgaben und welches sich daraus folgende Anforderungsprofil sich für Projektleiter ergeben. Im Rahmen dieser Arbeit erfolgt dies allgemein. Für ein spezifisches Projekt müssten die Aufgaben und Anforderungen entsprechend den jeweiligen Projektzielen und -voraussetzungen angepasst werden.

3.1 Aufgaben

Als Grundlage soll hier der Lebenszyklus-Ansatz des amerikanischen Projektmanagementstandards PMBOK (A Guide to the Project Management Body of Knowledge) dienen. Es handelt sich dabei um einen allgemein anerkannten Projektmanagementstandard, der „Wissen und Erfahrung für das Projektmanagement zur Verfügung" (Viehring 2015: 14) stellt. Dieser unterteilt den Ablauf eines Projektes in vier Phasen, die durch Kontroll- und Steuerungsprozesse begleitet werden (Project Management Institute 2013: 38-46). Die Projektphasen können grafisch dargestellt werden:

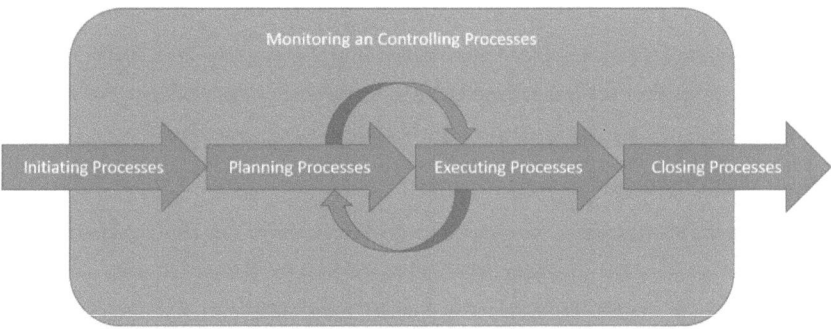

Abb. 1: Lebenszyklus eines einzelnen Projektes nach PMBOK (Projekt Management Institute 2013.: 42).

Dieses Modell deckt sich weitestgehend mit dem der fünf Projektmanagementphasen der DIN 69901-5. In der Literatur werden teilweise noch ausführlichere Modelle vertreten, die zusätzliche Phasen vor der Projektinitialisierung beschreiben und feinteiliger vorgehen (so z.B. Hofmann 2014: 149-168). Dies kann aus verschiedenen Gründen auch sinnvoll sein, im Zusammenhang mit den Aufgaben des Projektleiters reicht der Standard nach PMBOK jedoch aus, da der Projektleiter erst bei der Projektinitialisierung bestimmt wird.

Als Hauptaufgabe des Projektleiters konstatiert Hölzle die „Verantwortung sowohl für die Projektziele als auch für die ihnen unterstellten oder von anderen Abteilungen verliehenen Mitarbeiter." (Hölzle 2009: 19). Bereits hier lässt sich erkennen, dass die Führungsrolle ein elementarer Bestandteil der Projektleitertätigkeit ist.

Im Rahmen der Projektinitialisierung hat der Projektleiter die Aufgabe, die Erwartungen des Auftraggebers in spezifische Projektziele zu formulieren. Es muss entschieden werden, ob das Projekt so umfangreich ist, dass es in Teilprojekte aufgeteilt werden sollte, die Aufbauorganisation wird entwickelt. Der Projektleiter steht in dieser Phase in engem Kontakt zum Auftraggeber. Er muss die Erfolgskriterien festlegen, anhand derer im weiteren Verlauf und im Anschluss des Projekts dieses evaluiert werden kann (Project Management Institute 2013: 54).

Das Ergebnis der Phase der Projektplanung sind der Projektmanagementplan und verschiedene Projektdokumente. Für deren Entwurf hat der Projektleiter die Verantwortung und von deren Qualität hängt auch in hohem Maße der spätere Projekterfolg ab. Was der Projektmanagementplan und die Projektdokumente beinhalten wird durch PMBOK erläutert: „The project management plan and project documents developed as outputs from the Planning Process Group will explore all aspects of the scope, time, cost, quality, communications, human resources, risks, procurements, and stakeholder engagement." (ebd.: 55). Spätestens in dieser Projektphase wählt der Projektleiter die Projektmitarbeiter aus. Wird das Projekt aufgrund seiner Größe in weitere Teilprojekte unterteilt, wählt der Projektleiter die Teilprojektleiter aus, denen wiederum Projektmitarbeiter für ihre Teilprojekte zugeordnet werden. Die Personalgewinnung für das Projekt stellt eine elementare Aufgabe dar, da ein Projekt nur mit qualifizierten und motivierten Mitarbeitern zum Erfolg geführt werden kann (Platz 2011: 1074). Wie bereits in Abb. 1 zu erkennen ist, findet eine Rückkopplung während der Ausführungsphase statt, die erneute Planungsprozesse erfordert, was PMBOK als „progressive elaboration" (Project Management Institute 2013: 55) bezeichnet.

In der Ausführungsphase wird anhand der Planung zur Erreichung der Projektziele vorgegangen. Der Projektleiter muss in dieser Phase „fortlaufend sowohl die Aufgabe, das soziale System als auch die Unternehmensperformance überwachen und steuern." (Hofmann 2014: 187). Auch hier steht die Führungsrolle des Projektleiters im Vordergrund. Er muss einerseits Aspekte des sozialen Systems und andererseits Performanceaspekte, wie Teilzielerreichung, Termineinhaltung und Ressourcenverbrauch ständig beobachten und gegebenenfalls lenkend eingreifen (ebd.: 188).

Im Rahmen des Projektabschlusses sammelt die Projektleitung die gewonnenen Erfahrungen. Sie nimmt einen Abgleich zwischen Soll- und Ist-Zustand vor. „Dies umfasst u. a. die erzielten Ergebnisse, den Ressourceneinsatz, die Termineinhaltung, die Zusammenarbeit im Projektteam, die Zusammenarbeit mit dem Lenkungsausschuss, die Kommunikation mit dem Projektumfeld, die Risiken und Ziele." (ebd.: 190). Die gewonnenen Erkenntnisse dienen einerseits der Rückkopplung zum Auftraggeber und andererseits der Planung neuer Projekte. Da dadurch ein großer Mehrwert für nachfolgende Projekte erreicht werden kann, sollte der Projektleiter diese Phase nicht unterschätzen.

Aus diesen umfassenden Aufgaben entstehen mannigfaltige Anforderungen an einen Projektleiter. Diese werden im folgenden Kapitel herausgearbeitet.

3.2 Anforderungen

Der Erfolg oder Misserfolg eines Projekts hängt in hohem Maße von der Wahl des Projektleiters ab (Viehring 2015: 7-11). Aus diesem Grund ist ein detailgenaues Anforderungsprofil für die Wahl des Projektleiters unerlässlich.

Die Anforderungen an einen Projektleiter werden in der Literatur vielfältig beschrieben. So existiert eine große Bandbreite an Praxishandbüchern und Leitfäden für angehende und bereits tätige Projektleiter (so z.B. Bohinc 2012; Kraus/Westermann 2014). Diese beruhen meist auf den Erfahrungen der Autoren und haben keinen wissenschaftlichen Anspruch. Bislang bestehen nur vereinzelt wissenschaftliche Studien, die sich mit den Anforderungen an Projektleiter beschäftigen. Eine der umfangreichsten Studien zu diesem Thema mit dem Titel „Realistic Criteria for Project Manager Selection and Development" (Hauschildt et al. 2000) wurde im Jahr 2000 veröffentlicht und beruht auf Interviews und Befragungen mehrerer Vorgesetzter von Projektleitern, die erfolgreiche Projekte zum Abschluss brachten (ebd.: 25).

In der Studie wurden insgesamt 44 verschiedene Fähigkeiten von Projektleitern abgefragt, welche wiederum zu sieben Fähigkeitsbereichen zusammengefasst wurden. Diese sind[3]:

---

[3] Fähigkeitsbereiche zitiert aus Hauschildt et al. 2000: 26.

1. „Organizing Under Conflict": Darunter wird die Fähigkeit verstanden, auch unter schwierigen Umständen die Organisationsfähigkeit aufrechtzuerhalten.

2. „Experience": Dazu zählt das Kennen von Prozessabläufen und der Umfang der Berufserfahrung.

3. „Decision-Making": Zur Entscheidungsfähigkeit gehört das Urteilsvermögen und die Fähigkeit zum analytischen Denken.

4. „Productive Creativity": Dieser Faktor umfasst laut Studie die Fähigkeit zur Kreativität und Ideenfindung, sowie die Fähigkeit, diese auch umzusetzen.

5. „Organizing With Cooperation": Dies stellt das Pendant zur ersten Fähigkeit dar und damit die Befähigung, in positivem personellen Umgang zu organisieren.

6. „Cooperative Leadership": Die Fähigkeit zur kooperativen Führung.

7. „Integrative Thinking": Dabei handelt es sich um die Verknüpfung von analytischem Denken mit der Fähigkeit, die Ideen der Projektmitarbeiter einzubinden.

Durch eine Clusteranalyse dieser Fähigkeitsbereiche wurden in der Studie fünf verschiedene Arten von Projektleitern identifiziert und definiert, die in absteigender Reihenfolge Projekte erfolgreich führen. Da diese Arbeit zum Ziel hat, die Anforderungen für einen optimalen Projektleiter zu formulieren, werden hier nur die beiden ersten Projektleitertypen vorgestellt.

Der erfolgreichste Projektleitertyp ist der sogenannte „Project Star" (ebd.: 26). Projektleiter dieses Typus erreichen in allen sieben Fähigkeitsbereichen überdurchschnittliche Ergebnisse. Der am stärksten ausgeprägte Fähigkeitsbereich, ist der, auch in Konflikten die Führung aufrechtzuerhalten. Ebenfalls sehr erfolgreich ist der Projektleitertyp „The Promising Newcomer" (ebd.). Dieser Projektleiter hat weniger Projekterfahrung, weswegen bei ihm die Fähigkeit zur Führung im Konflikt weniger stark ausgeprägt ist. Alle anderen Fähigkeitsbereiche sind jedoch bereits überdurchschnittlich ausgeprägt.

„Werden nun die Fähigkeiten einer Person in Bezug auf bestimmte Anforderungen beschrieben, spricht die Literatur von Kompetenzen." (Hölzle 2009: 20). Im Gegensatz zu Fähigkeiten können Kompetenzen nicht erworben werden, sondern verändern sich je nach Anforderung (ebd.). Als wichtigste Kompetenzen für Projektleiter beschreibt Hölzle die Fachkompetenz, Methodenkompetenz, soziale Kompetenz, Führungskompetenz sowie unternehmerische Kompetenz (ebd.: 21).

Die Fachkompetenz beinhaltet das Wissen und die Erfahrung, die ein Projektleiter fachlich unter anderem durch Projekte und durch seinen beruflichen Werdegang gesammelt hat (ebd.). Die Methodenkompetenz umschreibt insbesondere die Fähigkeit, mit Problemen umgehen zu können und das erworbene Projektmanagementwissen umsetzen zu können (ebd.: 21f.). Die soziale Kompetenz „umfasst die Fähigkeiten zur Initiierung und Pflege zwischenmenschlicher Fähigkeiten, persönliche Qualitäten und Auftreten, wie bspw. Kontaktfähigkeit, Flexibilität, Teamfähigkeit [...]" (ebd.: 22). Unter Führungskompetenz wird die Fähigkeit zur Interaktion mit den Projektmitarbeitern verstanden um diese auf das gemeinsame Projektziel auszurichten. Im Zusammenhang mit der Projektleitertätigkeit zählen dazu insbesondere das Delegationsvermögen, die Motivations- und Kritikfähigkeit. Zur unternehmerischen Kompetenz zählt Hölzle unter anderem Eigenschaften wie Risikofreudigkeit, Planungs- und Organisationsfähigkeit und Zeitmanagement (ebd.: 23).

In ihrer Studie stellte Hölzle auch die Relevanz der unterschiedlichen Kompetenzen fest, dabei wurde die Sozialkompetenz als wichtigste Kompetenz identifiziert:

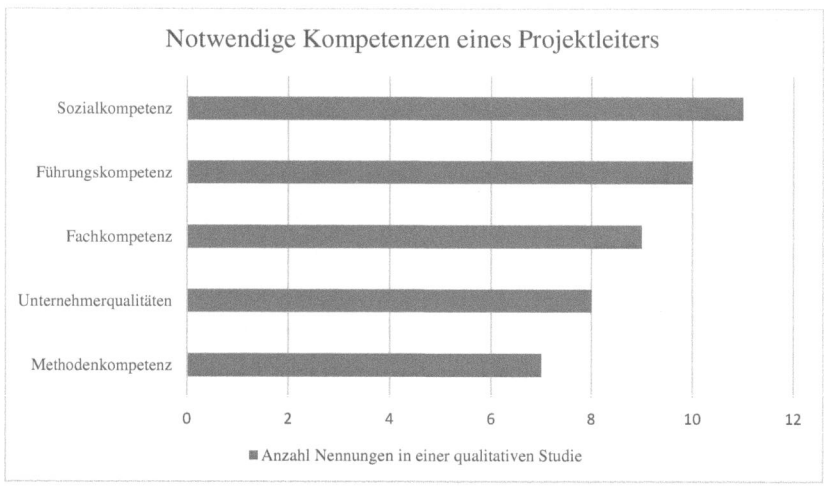

Abb. 2: Notwendige Kompetenzen eines Projektleiters nach Hölzle (Hölzle 2009: 133)

Nachdem nun sowohl die Aufgaben eines Projektleiters dargestellt, als auch ein umfassendes Anforderungsprofil an diesen erstellt wurde, können im weiteren Verlauf eine Stellenbeschreibung und -ausschreibung entworfen werden.

4 Stellenbeschreibung

4.1 Anforderungen an eine Stellenbeschreibung

Zunächst sollen die Anforderungen definiert werden, die an eine Stellenbeschreibung gestellt werden. „Stellenbeschreibungen sind ein klassisches Instrument der Personalführung und Organisationsgestaltung und unterstützen vielfältige Funktionen in beiden Anwendungsfeldern." (Sonntag/Schaper 2004: 1809). Um als Instrument der Personalführung und Organisationsgestaltung fungieren zu können, werden bestimmte Mindestanforderungen an den Inhalt einer solchen gestellt. Dazu zählen die Stellenbezeichnung, die Einordnung der Stelle in die Organisation, Unterstellungsverhältnisse, Bestimmung von Vertretern, Tätigkeitsbeschreibung, Beschreibung der Befugnisse sowie abschließend die Unterschrift des Vorgesetzten und des Stelleninhabers (ebd.: 1811f.). Darüber hinaus können noch weitere, für die Stelle wichtige Informationen aufgenommen werden. Bei der Stellenbeschreibung für Projektleiter wäre es sinnvoll, außerdem die Qualifikationsanforderungen sowie die erwartete Mitarbeit in Gremien festzuhalten. Auf die Formulierung der Qualifikationsanforderungen wird an dieser Stelle verzichtet, da diese im folgenden Kapitel im Rahmen der Stellenausschreibung ausführlich ausgearbeitet werden. Generell lässt sich festhalten, dass verschiedene Autoren unterschiedliche Maßstäbe an die Formulierung einer Stellenbeschreibung anlegen. Während sich manche Autoren auf eine eher kurze Stellenbeschreibung konzentrieren, vertreten andere den Ansatz, diese so ausführlich wie möglich zu gestalten. Letztendlich gibt es kein Idealmodell, sondern jedes Unternehmen, jede Organisation oder Behörde muss selbst entscheiden, welche Anforderungen an die jeweilige Stellenbeschreibung gestellt werden (Wenger 2013: 89f.).

Das nachfolgende Konzept einer Stellenbeschreibung für Projektleiter wird in einigen Punkten neutral gehalten oder es werden alternative Beschreibungen verwendet um eine Allgemeingültigkeit zu erreichen, die eine Abwandlung für spezifische Projekte grundsätzlich ermöglicht.

4.2 Konzept einer Stellenbeschreibung für Projektleiter

1. Stellenbezeichnung:	2. Abteilung:
Projektleiter	Organisatorische Einordnung im Unter-

	nehmen, in der Organisation oder Behörde
3. Rang des Stelleninhabers: Leiter des Projekts „...“	4. Kostenstelle: Entsprechende Nummer der Kostenstelle

5. Vorgesetzter:

Je nach Organisationsaufbau der Projektausschuss oder direkt die Unternehmens-/Organisation-/Behördenleitung.

6. Nachgeordnete Personen:

Je nach Projektgröße hat der Projektleiter Weisungsbefugnisse gegenüber den Teilprojektleitern und/oder direkt den Projektmitarbeitern.

7. Vertretung:

Vertreter des Projektleiters ist ein Teilprojektleiter, ein Projektmitarbeiter mit Schlüsselfunktion oder ein Mitglied des Projektausschusses.

8. Tätigkeitsbeschreibung:

Der Projektleiter ist verantwortlich für den Erfolg des Projekts. Zu seinen Tätigkeiten zählen in diesem Zusammenhang:

- Formulierung der Projektziele/-zwischenziele,

- Festlegen von Erfolgskriterien des Projekts,

- Entwurf eines Projektmanagementplans und der erforderlichen Projektdokumente (im Projektmanagementplan werden u.a. der Zeitrahmen, die Kosten, Kommunikationspläne, Personalbedarf, Risiken und der Beschaffungsplan festgelegt),

- Auswahl von Projektmitarbeitern und/oder Teilprojektleitern,

- steht in ständigem und engem Kontakt mit dem Auftraggeber,

- Führung des Projektteams,

- ständige Überwachung und Steuerung des Projektfortschritts,

- Koordination von internen Fortbildungsmaßnahmen,

- regelmäßige Berichterstattung an den Vorgesetzten über den aktuellen Projektfortschritt,

- Evaluierung gegebenenfalls während und definitiv nach Projektabschluss.

9. Befugnisse:

Der Projektleiter erhält die fachliche Weisungsbefugnis gegenüber seinen Projektmitarbeitern. Darüber hinaus hat er die Befugnis, frei über das für das Projekt zur Verfügung gestellte Budget zu entscheiden.

10. Mitarbeit in Gremien:

Sofern ein Lenkungsausschuss eingerichtet wird, ist der Projektleiter zur Mitarbeit in diesem verpflichtet. Er hat diesem gegenüber eine umfassende Informations- und Berichtspflicht.

11. Qualifikationsanforderungen:

Siehe Kapitel 5.

„Die Stellenbeschreibung unterliegt dem Direktionsrecht des Arbeitgebers. Bei wesentlichen Abweichungen zwischen Tätigkeit und Beschreibung sind Sie verpflichtet, sofort Ihren Vorgesetzten zu informieren. Die Unterschrift bedeutet Kenntnisnahme des Mitarbeiters." (Gladbeck 1980: 153)

_____   _____

Datum   Unterschrift des Stelleninhabers

5 Stellenausschreibung

5.1 Anforderungen an eine Stellenausschreibung

Im Unterschied zur Stellenbeschreibung ist eine Stellenausschreibung nicht als Instrument der Personalführung und Organisationsgestaltung, sondern „vielmehr als ein Marketing- und Rekrutierungsinstrument anzusehen" (Wenger 2013: 90). Die Stellenausschreibung umfasst in der Regel in komprimierter Art den Inhalt der Stellenbeschreibung und in größerem Umfang das Anforderungsprofil (ebd.: 90f.). Es kann zwischen verschiedenen Arten von Anforderungsprofilen unterschieden werden. Welches davon zur Erstellung einer Stellenausschreibung herangezogen wird, ist grundsätzlich offen. Unterschieden werden können die „Profilarten Mindestprofil, Höchstprofil, Idealprofil, Negativprofil und Irrelevanzprofil" (Weuster 2012: 44). In dieser Arbeit wird das Idealprofil herangezogen, welches den sogenannten Wunschkandidaten beschreibt, wobei jedoch grundsätzlich von diesen Wunschkriterien abgewichen werden kann (ebd.: 46). Auch in der Unternehmenspraxis findet das Idealprofil bevorzugt Anwendung (Wenger 2013: 92).

In der Regel werden Stellenausschreibungen in fünf Bestandteile untergliedert (ebd.: 88f.):

1. Unternehmensteil: Hierbei werden das ausschreibende Unternehmen vorgestellt und bereits die Stellenbezeichnung sowie der Einstellungsbeginn offengelegt.

2. Stellenteil: In diesem Teil wird der Aufgaben- und Verantwortungsbereich der Stelle skizziert.

3. Fachlicher Kompetenzanforderungsteil: Hier werden die geforderten „Zertifizierungen und fachlich-methodischen Kompetenzen" (ebd.: 88) aufgezeigt.

4. Überfachlicher Kompetenzanforderungsteil: Im Mittelpunkt stehen hier die persönlichen Anforderungen an den potentiellen Bewerber.

5. Abschlussteil: Abschließend werden administrative Angelegenheiten, wie beispielsweise einer Bewerbungsfrist, dargestellt.

Im Folgenden wird auf Grundlage des erarbeiteten Anforderungsprofils für Projektleiter und den Anforderungen an eine Stellenausschreibung ein Konzept einer Stellenausschreibung für Projektleiter vorgestellt. Die kursiv dargestellten Wörter sind dabei flexibel zu ersetzen. Auch die Stellenausschreibung stellt lediglich eine Richtschnur dar, die keinesfalls Anspruch auf Normativität erhebt.

5.2 Konzept einer Stellenausschreibung für Projektleiter

Projektleitung „*Projektname*"

Die Behörde/Die Organisation/Das Unternehmen *Name* sucht zum *Datum* für das Projekt *Projektname* für die Stelle des Projektleiters geeignete Bewerber. Die Stelle ist befristet auf *Dauer des Projekts* Jahre und wird in Vollzeit ausgeübt.

Aufgabengebiet:

Als Projektleiter tragen Sie die Verantwortung für das Projektteam und die Erfüllung der Projektziele. Zu Ihren Aufgaben zählen...

- Formulierung der Projektziele
- Entwurf eines Projektmanagementplans
- Zusammenstellung und Führung des Projektteams
- Kontrolle und Steuerung des Projekts hinsichtlich der Zielerreichung, Termineinhaltung und Qualität
- Ansprechpartner für Unternehmens-/Behördenleitung sowie Auftraggeber

Formale und fachliche Voraussetzungen:

- abgeschlossenes Hochschulstudium, möglichst im Fachbereich des Projektinhalts
- mehrjährige Berufserfahrung im Bereich Projektmanagement
- mehrjährige Führungserfahrung, sofern möglich auch als Projektleiter

Überfachliche Anforderungen:

- stark ausgeprägte Führungseignung und -neigung
- hohes Maß an Sozialkompetenz
- Kritik- und Konfliktfähigkeit
- Delegationsvermögen
- Motivationsfähigkeit
- Kreativität und Problemlösungsfähigkeit
- ausgeprägtes unternehmerisches Denken
- Planungs- und Organisationsfähigkeit
- Fähigkeit zum analytischen Denken sowie Innovationsbereitschaft
- Team- und Kontaktfähigkeit

- Flexibilität und Belastbarkeit

Bewerbungen sind bis zum *Datum* zu senden an *Adresse/Mail.*

Gegebenenfalls folgen noch weitere Hinweise, wie beispielsweise die geforderten Unterla-
gen, die mit der Bewerbung verlangt werden, der Ansprechpartner bei weiteren Fragen,
die Gleichstellung von Frauen und Männern, die Bevorzugung von schwerbehinderten
Bewerbern bei gleicher Eignung und Befähigung oder der Verbleib der Bewerbungsunter-
lagen nach Abschluss des Verfahrens.

6 Fazit

Im Rahmen dieser Arbeit konnte aufgezeigt werden, dass die Aufgaben eines Projektleiters
äußerst vielfältig und komplex sind. Dementsprechend sind auch die sich daraus ergebenden Anforderungen an einen Projektleiter hoch. Der Projekterfolg hängt in hohem Maße
von der Eignung und der Arbeitsweise des Projektleiters ab. Er ist verantwortlich für die
Erreichung der Projektziele und die Führung des Projektteams. Ein erfolgreicher Projektleiter vereint daher in optimaler Weise die Fach-, Methoden-, Sozial-, Führungs- und unternehmerische Kompetenz, wobei die Sozialkompetenz als besonders wichtig erachtet
wird. Er verfügt bereits über Berufserfahrung im Projektmanagement und im jeweiligen
Fachgebiet des Projekts und hat besondere Stärken im Bereich der Personalführung. Darüber hinaus konnten zahlreiche weitere Anforderungen an Projektleiter identifiziert werden. Die Auswahl des Projektleiters sollte aus diesem Grund besonders sorgfältig und ziel-
gerichtet erfolgen.

Aus diesen Erkenntnissen konnte jeweils ein Konzept für eine Stellenbeschreibung und
Stellenausschreibung für Projektleiter entworfen werden. Dabei wurde festgestellt, dass
sich die Anforderungen an ebendiese je nach Unternehmen, Organisation oder Behörde
stark unterscheiden können und keine Norm an Umfang und Inhalt fixiert werden kann.

Die Literatur zum Themenkomplex des Projektmanagements ist äußerst umfangreich. Im
Rahmen dieser Arbeit wurde festgestellt, dass sich jedoch gerade auf dem Gebiet der Aufgaben eines Projektleiters nur wenig wissenschaftliche Literatur findet. In diesem Bereich
besteht daher die Notwendigkeit, durch weitere wissenschaftliche Arbeiten Grundlagen zu
schaffen.

Literaturverzeichnis

Bohinc, Thomas (2012): Führung im Projekt, Heidelberg: Springer.

Brown, Shona L./Eisenhardt, Kathleen M. (1995): Product development: Past research, present findings, and future directions, in: Academey of Management Review 20 (1995), 343-378.

Chrobok, Reiner (2011): Unternehmens- und Projektorganisation, in: Rationalisierungs-Kuratorium der Deutschen Wirtschaft e.V. (Hrsg.): Projektmanagement Fachmann - Band 2, Sternenfels: Verlag Wissenschaft und Praxis, 881-919.

Di Vincenzo, Fausto/Mascia, Daniele (2012): Social capital in project-based organizations: Its role, structure, and impact on project performance, in: International Journal of Project Management 30 (2012): 5-14.

DIN 69901-5: 2009-01, Projektmanagement, Projektmanagementsysteme, Teil 5: Begriffe.

Dworatschek, Sebastian (2011): Management, in: Rationalisierungs-Kuratorium der Deutschen Wirtschaft e.V. (Hrsg.): Projektmanagement Fachmann - Band 1, Sternenfels: Verlag Wissenschaft und Praxis, 1-24.

Gladbeck, Karl-Heinz Michels (1980): Die Stellenbeschreibung als organisatorisches Hilfsmittel, in: Personal 32 (1980): 151-155.

Hauschildt, Jürgen/Keim, Gesche/Medeof, John W. (2000): Realistic Criteria for Project Manager Selection and Development, in: Project Management Journal 31 (2000): 23-32.

Hofmann, Matthias (2014): Performance-orientiertes Projektmanagement, Wiesbaden: Springer Gabler.

Hölzle, Katharina (2009): Die Projektleiterlaufbahn, 1. Auflage, Wiesbaden: Gabler.

Kraus, Georg/Westermann, Reinhold (2014): Projektmanagement mit System, 5. Auflage, Wiesbaden: Springer.

Pinto, Jeffrey K./Kharbanda, Om P. (1995): Lessons for an Accidental Profession, in: Business Horizons 38 (1995): 41-50.

Platz, Jochen (2011): Projektstart, in: Rationalisierungs-Kuratorium der Deutschen Wirtschaft e.V. (Hrsg.): Projektmanagement Fachmann - Band 2, Sternenfels: Verlag Wissenschaft und Praxis, 1059-1086.

Project Management Institute (Hrsg.) (2013): A Guide to the Project Management Body of Knowledge, 5. Auflage, Pennsylvania: Project Management Institute.

Reiß, Michael (1987): Management, in: Görres-Gesellschaft (Hrsg.): Staatslexikon - Bd. 3: Hoffmann - Naturrecht, 7. Auflage, Freiburg i. Br.: Herder, 986-990.

Sonntag, Karlheinz/Schaper, Niclas (2004): Stellenbeschreibung, in: Gaugler, Eduard/Oechsler Walter A./Weber, Wolfgang (Hrsg.): Handwörterbuch des Personalwesens, 3. Auflage, Berlin/Ulm: Schäffer-Poeschel, 1809-1817.

Viehring, Ruben (2015): Erfolgsfaktor Projektleiter - Erstellung eines kompetenzbasierten Projektleiterprofils, in: Wotschke, Peter (Hrsg.): Prozess- und Projektmanagement - Herausforderungen und Lösungsansätze, Berlin: epubli GmbH, 1-104.

Wenger, Philip Wolf (2013): Praxisrelevante Inhalte außerbetrieblicher Stellenausschreibungen - Ein Beitrag zur Linderung der „Mismatch-Problematik" der Arbeitsmarktsituation in Deutschland, Berlin: Südwestdeutscher Verlag für Hochschulschriften.

Weuster, Arnulf (2012): Personalauswahl I - Internationale Forschungsergebnisse zu Anforderungsprofil, Bewerbersuche, Vorauswahl, Vorstellungsgespräch und Referenzen, 3. Auflage, Wiesbaden: Springer Gabler.